SUR LA LIBERTÉ

DE

LA PRESSE.

SUR LA LIBERTÉ

DE

LA PRESSE,

PAR

M. LE VICOMTE DE BONALD,

PAIR DE FRANCE.

PARIS.

IMPRIMERIE DE BEAUCÉ-RUSAND, RUE PALATINE, N.° 5,

PRÈS SAINT-SULPICE.

1826.

SUR LA LIBERTÉ

DE

LA PRESSE. [1]

Il faudroit désespérer de la société, si elle ne-sentoit pas le besoin de mettre un frein à la licence de la presse, et de réprimer l'audace toujours croissante de cet esprit infernal rentré, comme dit l'Ecriture, *avec sept autres esprits plus*

---

(1) L'auteur de cet écrit, retenu chez lui par des malheurs et des affaires domestiques, ne croit pas cependant devoir rester étranger à une question sur laquelle la chambre des députés a exprimé un vœu qui est celui des gens de bien, le vœu de voir réprimer la *licence effrénée* de la presse ; c'est aussi dans ce sens, quoique d'une manière moins explicite, que la chambre des pairs a parlé, dans son adresse au Roi, de la *licence réprouvée par la raison et la conscience publique.* Au reste, l'auteur, dans cet écrit, entend seulement *user,* lorsque tant d'autres en *abusent,* de la liberté de la presse pour exprimer ses opinions, et il se confie entièrement pour le choix des moyens de répression, dans la sagesse du Roi, qui a déclaré qu'il *sauroit concilier ce qu'exigent l'exercice des libertés légales, le maintien de l'ordre et la répression de la licence.*

méchants que lui, aux lieux d'où il était sorti. C'est sur ce sujet, le plus important de ceux qui peuvent occuper les pouvoirs de l'Etat, que je soumets quelques réflexions à l'attention ou plutôt à la conscience des hommes vraiment amis de leur pays et de toutes les doctrines qui en ont fait si long-temps le bonheur et la force.

Les esprits faux et les imaginations vides et passionnées ne voient dans les meilleures choses que les abus qui en sont inséparables, et dans les plus mauvaises que les avantages qui peuvent s'y rencontrer : car il n'y a pas de si mauvaise chose qui n'ait quelques avantages, point de si bonne qu'il ne s'y mêle quelques abus : c'est cette disposition d'esprit qui a fait la révolution, la révolution qui a détruit tant de bonnes choses , et en a introduit tant de mauvaises.

La censure préalable des ouvrages d'esprit (1) est en soi une bonne institution. Quel est l'écrivain raisonnable et jaloux de sa réputation littéraire et morale qui, après s'être censuré lui-même, ne doive pas appeler sur ses écrits la critique d'a-

____

(1) L'auteur s'est toujours prononcé contre la liberté illimitée de la presse, pour les ouvrages ; il a cru un moment qu'elle étoit moins fâcheuse à l'égard des écrits périodiques ; mais alors le *Nain-Jaune* et la *Minerve* n'avaient pas paru ; alors le poignard de Sand et celui de Louvel n'avaient pas achevé d'instruire l'Europe.

mis éclairés et judicieux? Quel est le critique qui dans les conseils qu'il donne aux jeunes auteurs, et même à tous les écrivains, ne leur recommande pas de consulter long-temps leur esprit et leurs forces, avant de faire subir à leurs écrits la dangereuse épreuve de l'impression, et surtout de les soumettre à l'examen d'hommes instruits et sévères qui puissent éclairer leur inexpérience, redresser leurs erreurs ou modérer la fougue de leur imagination?

Si l'homme sage n'entreprend pas sans conseil une affaire même domestique, pourroit-il ne pas en demander pour une affaire vraiment publique, la publication d'un écrit d'un genre sérieux, d'où peuvent dépendre, et sa propre réputation comme écrivain et comme honnête homme, et les opinions bonnes ou mauvaises de ses lecteurs : et le public seroit-il donc si peu respectable qu'on pût lui jeter indifféremment, sans choix et sans examen, l'erreur ou la vérité?

Sur tous les objets de littérature proprement dite, ou de sciences physiques, permis à tout le monde d'écrire à ses périls et risques, et les systèmes le plus universellement abandonnés, les théories les plus décriées peuvent être présentées de nouveau, parce qu'il ne peut en résulter aucun désordre dans le monde moral ni dans le monde matériel, et que l'opinion de *Tychobrahé,*

par exemple , s'il plaisait à quelqu'un de la reproduire , n'empêcheroit pas la terre de tourner au-
tour du soleil.

Mais dans les matières qui tiennent à l'ordre
public, à la religion, au gouvernement , à la morale , aux mœurs, il ne serait pas raisonnable
d'exiger du gouvernement qu'il se reposât unique-
ment sur la sagesse et la modestie des écrivains,
tous beaucoup trop prévenus en faveur de leur
esprit et de leurs œuvres. Il faut au public des
garanties publiques, et ces garanties il les trouve
dans la censure préalable et légale des écrits.

Le gouvernement donne donc des juges à nos
pensées , comme il donne des juges à nos intérêts
et à nos actions; et si des hommes institués par
la loi juges au civil et au criminel peuvent disposer de nos biens , de notre honneur , de notre liberté , de notre vie même , d'autres hommes institués aussi par la loi juges de nos écrits , peuvent,
dans l'intérêt de la société , disposer de nos pensées et de nos phrases , avant qu'elles aillent par
la publicité y porter le trouble et le ravage. Les
juges de nos différents et de nos actions peuvent
être des hommes faibles, corrompus, passionnés;
qui en doute ? Ce sont les abus d'une bonne chose,
la justice ; comme les juges de nos écrits peuvent
être des hommes peu instruits ou prévenus, et ce
seront encore les abus d'une bonne chose , la cen-

sure. Ce sont les vices et les passions de l'homme qui se mêlent à toutes ses institutions , à toutes ses œuvres , et dont les écrivains sans doute ne sont pas plus exempts que les autres hommes : mais ces abus n'empêchent pas les institutions auxquelles ils se mêlent, d'être bonnes, salutaires, nécessaires; ils n'empêchent pas que la société n'ait besoin de la justice pour lui répondre de la bonté de nos actions , et de la censure pour lui répondre de la vérité de nos pensées.

On ne se fait pas une idée juste de ce qu'est un écrivain dans la société , et les écrivains ne connaissent pas eux-mêmes leur dignité. L'écrivain, tant qu'il compose, n'est qu'un particulier qui écrit pour son amusement ou son instruction ; mais dès que l'écrit sort de ses mains pour paroître dans le public , l'écrivain devient un homme public , un homme de l'Etat, puisqu'il s'associe à la fonction suprême de l'Etat, d'instruire, de reprendre, de corriger : et par conséquent l'"Etat peut exiger de lui la garantie qu'il remplira à l'avantage du public des fonctions publiques dont il s'est volontairement chargé , et cette garantie il ne peut s'y soustraire ni la refuser au gouvernement, qui a le droit et le devoir de la demander à tous ceux qui remplissent des fonctions publiques.

Les écrivains sont donc dans l'erreur lorsque, s'élevant contre la censure et surtout contre les censeurs, ils refusent de voir en eux des juges institués par loi et revêtus de l'autorité qu'elle communique. En vain diront-ils qu'ils ne sont pas jugés par leurs pairs : ils sont jugés par des hommes, sur leurs écrits, comme tous les autres citoyens sont jugés par des hommes sur leurs actions. Les pairs d'un écrivain ne sont pas d'autres écrivains; car peut-être n'y a-t-il pas pour les écrivains de pairs qui le soient moins, si je peux ainsi parler, que leurs confrères. Les pairs véritables de ceux qui écrivent sont ceux qui lisent; et tous les hommes qui ont des connoissances suffisantes, qu'ils écrivent ou non, sont les pairs des écrivains, et peuvent être leurs juges.

Si la censure littéraire est en soi une bonne institution, malgré les abus qui peuvent se glisser dans ses jugements, la liberté de la presse est en soi une mauvaise et dangereuse faculté, malgré les avantages qu'elle peut avoir ou ceux qu'on lui suppose.

Quoi de plus dangereux en effet, je dirois volontiers de plus absurde, que de livrer la publication des doctrines sur lesquelles reposent et le véritable bonheur de l'homme et l'ordre de la société, à toutes les passions du cœur, à toutes les préventions de l'esprit, à toutes les discordes des partis, à toutes les inspirations même étrangères, et d'ouvrir la lice à tous les raisonnements ou

déraisonnements sur la religion , le gouvernement , les lois, la morale , les intérêts politiques,
les choses et les personnes (1)? Si l'habitude ne
nous avoit pas familiarisés avec les idées de liberté plénière d'écrire, sans contrôle et sans garantie , et qu'il fût pour la première fois question
de l'établir, les hommes sages ne seroient-ils pas
effrayés des désordres qu'elle peut produire, aujourd'hui surtout que des études littéraires si mul-
tipliées et mises à la portée de toutes les condi·
tions , ont répandu une facilité d'écrire et même
de bien écrire , qui impose aux sots et déguise à
leurs yeux la fausseté ou le vide des doctrines ?

Si l'imprimerie eût été connue de l'antiquité ,
pense-t-on que l'assemblée la plus habile en
gouvernement qu'il y ait eu au monde, le sénat
romain, ne se fût pas soulevée d'indignation à la
proposition d'une liberté si dangereuse, lui qui
si souvent bannit de la république les philosophes
qui, semblables sans doute à ceux de notre
temps, troubloient par leurs discours et leur en-

---

(1) *L'esprit du gouvernement est dans la foule , et n'est
plus dans l'État ,* disoit avec une profonde vérité M. de
Chateaubriand, dans le *Conservateur,* le 3 mars 1820.
Et comment en seroit-il autrement lorsque la foule peut
tout dire, tout écrire et tout juger....? et *gouverner* , est-il
autre chose? (*Note de l'Éditeur.*)

seignement la tranquillité de l'Etat, et s'élevoient contre les maximes de son gouvernement?

Il n'y a pas, j'ose le dire, d'homme d'Etat en Europe, parmi ceux du moins dont la politique n'a pas spéculé sur nos désordres, qui croie possible, avec la liberté de la presse, telle qu'on la demande, de gouverner une nation comme la nôtre, vive, mobile, légère, avide de nouveautés, et trop éprise des charmes de l'esprit.

« Il est inoui, a dit madame de Staël, combien » il est facile de faire prendre une bêtise pour » étendard au peuple le plus spirituel de la terre. » C'est encore un de ces contrastes qui seraient » tout-à-fait inexplicables, si la malheureuse » France n'avoit pas été dépouillée de religion et » de morale, par un enchaînement funeste de » mauvais principes et d'événements malheureux. » Sans religion, aucun homme n'est capable de » sacrifice, et sans morale, personne ne parlant » vrai, l'opinion publique est sans cesse égarée. »

Ainsi, la première impression d'une raison éclairée nous présente la censure comme une institution nécessaire, et la liberté de la presse comme une faculté dangereuse; et ce n'est qu'à force de raisonnements ou de sophismes qu'on peut étouffer ce jugement involontaire, ce premier mouvement de l'esprit, et faire quelque illusion aux hommes qui ne font pas de la littérature avec leur orgueil, ni de la politique avec leurs passions. Je cherche de très-bonne foi les avantages de la liberté de la presse et je ne les aperçois pas.

Elle nous défend, dit-on, de l'oppression : soit ; mais de quelle oppression entend-on parler? Est-ce de cette oppression privée et en quelque sorte domestique, si commune et si cruelle; qui fait l'occupation des méchants qui en sont les instruments, et le tourment des bons qui en sont les victimes? La liberté de la presse empêchera-t-elle l'homme injuste de me susciter, sans motifs, un procès ruineux; le faussaire de me demander, ma signature à la main, ce que je ne lui ai jamais dû; l'homme avide d'usurper clandestinement ma propriété; l'homme sans mœurs de porter le trouble et le déshonneur dans ma maison? Empêchera-t-elle la haine d'un ennemi, la jalousie d'un concurrent, la trahison d'un ami? Non, assurément; et loin de l'empêcher, cette oppression, la liberté de la presse, du moins aujourd'hui, l'étend et la seconde, en cherchant à effacer du cœur des peuples tout sentiment de religion, de cette religion qui seule peut me défendre de ces maux en répandant l'esprit de justice, de charité, de retenue et de bonne foi. La liberté de la presse y ajoute même trop souvent la diffamation par des insinuations perfides, auxquelles des

(14)

juges, qui ne veulent pas avoir autant d'esprit que l'écrivain , et en saisir l'intention sous le transparent qui la voile sans la cacher, craindront d'appliquer le texte équivoque d'une loi sur la calomnie; et ces insinuations perfides désigneront à la France et à l'Europe l'homme modéré comme un fanatique, le royaliste comme un factieux, l'homme religieux comme un hypocrite; et nous le voyons chaque jour.

On dira sans doute que la liberté de la presse n'a pas pour objet le bonheur individuel des hommes, ni le repos des familles ; elle porte ses vues plus haut, ce sont les libertés publiques, c'est l'état tout entier qu'elle veut défendre et régler ; c'est, en un mot, les gouvernements dont elle doit éveiller la sollicitude sur les dangers qui les menacent.

Ce n'est pas sans doute de ceux qui pourraient venir du dehors que les gouvernements ont besoin d'être avertis par les journaux ou par les brochures. Aujourd'hui que les Etats ont tous , les uns chez les autres, d'honnêtes espions accrédités sous le nom de ministres et d'ambassadeurs; que les relations du commerce et des voyageurs ne laissent rien ignorer de ce qui se passe dans les pays étrangers, et qu'à défaut de tout autre avertissement, les seules variations des fonds publics sur les places de commerce sont un thermomètre infaillible de

ce que les divers Etats ont à craindre ou à espérer ; aujourd'hui que nul gouvernement ne peut
armer une frégate ou déplacer un bataillon sans
que le bruit n'en retentisse dans toute l'Europe,
et que la guerre qu'il voudroit entreprendre demande long-temps à l'avance d'immenses prépara-
tifs, la presse la plus libre ne peut rien apprendre
aux gouvernements, et elle les égareroit plutôt,
s'ils donnoient quelque créance à toutes les nouvelles alarmantes ou rassurantes dont elle charge
ses feuilles sur la foi de ses correspondants étrangers, souvent mal instruits, ou intéressés à dé-
guiser la vérité (1).

C'est donc pour les dangers dont la constitution de l'Etat peut être menacée par les erreurs ou
les fautes du gouvernement lui-même, pour les

---

(1) « On diroit que le vaste champ où croît l'ivraie po-
» litique et morale et que certains journaux français exploi-
» tent avec une si infatigable ardeur, ne suffit point à leurs
» vœux, lorsqu'on voit l'avidité avec laquelle ils saisissent,
» pour la dénaturer, toute circonstance qui peut ajouter
» une teinte encore plus sombre aux tableaux menaçants
» qu'ils tracent de l'avenir, et lorsque chaque nouvelle im-
» portante et imprévue devient aussitôt entre les mains de
» ces écrivains un brandon de discorde, de révolution et
» de guerre, qu'ils secouent sur leurs propres foyers et sur
» tous les peuples de la terre. » (*Journal de Saint-Péters-
bourg* du 7 février).

abus du pouvoir et les actes d'oppression dont les ministres peuvent se rendre coupables, que la liberté de la presse est, selon ses partisans, d'une urgente et absolue nécessité ; elle est, à les en croire, la sauvegarde des intérêts publics, et la sentinelle vigilante qui avertit de l'approche de l'ennemi. Ici je suis, je l'avoue, d'une opinion diamétralement opposée, et j'ose avancer qu'il n'y a pas de gouvernement qui ait moins besoin d'être averti par des particuliers sans mission et sans autorité, que le gouvernement représentatif, et que nulle part les libertés publiques ne peuvent mieux se passer de sauvegarde étrangère, que dans les Etats où elles reposent sur des institutions particulières à cette forme du gouvernement.

Comment, en effet, l'autorité pourrait-elle ignorer quelque chose de ce qui intéresse la tranquillité ou la dignité de l'Etat, là où siègent annuellement sept cents personnes librement élues par le peuple ou par le Roi, parmi les plus notables citoyens, divisés en deux chambres indépendantes l'une de l'autre, et indépendantes du peuple et du Roi lui-même, par la *gratuité* de leurs fonctions ou l'inamovibilité de leur existence publique ; deux chambres qui partagent avec le roi le pouvoir législatif, sans le concours et l'autorité desquels rien de bien ou de mal ne peut se

faire dans l'Etat; auxquelles tout particulier qui se
croit lésé peut porter ses réclamations ; qui doivent tout connoître, parce qu'elles peuvent tout
interroger; tout surveiller, parce qu'elles peuvent
tout accuser, tout dénoncer, tout juger, et quelquefois tout punir; organes, s'il y en a, de l'opinion publique, puisqu'elles sont envoyées de tous
les points du royaume, et qu'elles apportent au
pied du trône les vœux, les plaintes, les réclamations des peuples? Comment les chambres at-
tendroient-elles une impulsion étrangère pour
remplir les devoirs qui leur sont confiés? Comment auroient-elles besoin des yeux de quelques
écrivains pour voir, de leurs oreilles pour enten-
dre, ou de leur langue pour parler? Il faudrait
les supposer aveugles, sourdes et muettes, et
supposer encore que des écrivains, résidant à
Paris, au milieu de toutes les distractions, de
toutes les rumeurs et de tous les faux bruits de la
capitale, connoissent mieux que les chambres
elles-mêmes l'état et les besoins des provinces.
Cette prétendue nécessité de la liberté de la presse
dans un gouvernement représentatif seroit la con-
damnation de cette forme de gouvernement, et
il seroit au contraire bien plus vrai de dire que la
liberté de la presse ruine le gouvernement représentatif, non assurément par la liberté de discu-
ter ses actes pendant qu'ils sont encore soumis à

2

(18)

la discussion, liberté raisonnable et même nécessaire, mais par la licence de les critiquer et de
les combattre après qu'ils sont devenus loi; de
s'élever, par conséquent, contre l'autorité légis-
lative, de lui ôter le respect et la confiance des
peuples, et de rendre ainsi les lois elles-mêmes
sans force et sans effet au point de laisser l'homme
sage et impartial dans l'incertitude de savoir si
une loi revêtue de toutes les formes constitution-
nelles a avorté par ses propres vices, ou par la
violence et l'opiniâtreté de l'opposition (1).

Les fautes des ministres ne sont pas plus ména-
gées par la liberté de la presse que les erreurs des
législateurs. Rien de plus juste que de relever les
fautes des ministres, au moins jusqu'à ce qu'on
en ait trouvé qui n'en fassent point, mais encore
faut-il distinguer entre les fautes; et une opération problématique de finance n'est pas tout-à-
fait du genre et de la gravité d'une opération

---

(1) « Ainsi, dit le chancelier Bacon, que le mugissement
» des vents et une sourde agitation de la mer sont les avant-
» coureurs des tempêtes, de même les libelles et les discours
» licencieux contre le gouvernement annoncent des tem-
» pêtes dans l'Etat, lorsqu'ils sont fréquens et publics....
» surtout, ajoute-t-il, si l'on arrive à ce point que les plus
» sages mesures et les plus plausibles sont prises en mau-
» vaise part et dénaturées par la malignité. » *Essays of Bacon.*
Chap. XVI *Of seditions and troubles.* (*Note de l'Editeur*).

décisive de la politique , telle , par exemple , que la dissolution de la chambre de 1815. Peut-être faut-il avoir quelque indulgence pour des hommes accablés de fardeaux, chacun au-dessus des forces d'un seul homme , et ne pas trop s'étonner si quelques parties d'une aussi vaste machine que l'administration d'un grand Etat restent en souffrance ? Il y a d'ailleurs dans cette opposition au ministère , quelque légitime ou nécessaire qu'elle soit, une considération qu'il ne faut jamais perdre de vue. Sans doute *le Roi ne peut faillir,* on le sait ; mais il faut pardonner à l'esprit obtus du peuple de ne pas entrer facilement dans cette fiction , tant soit peu ultramontaine de la loi ; il faut lui pardonner si, en voyant les ministres et tous les ministères accusés, par les uns ou par les autres, d'incapacité , d'entêtement , de despotisme ou d'intérêt personnel, il est tenté d'accuser le Roi lui-même de peu de connaissance des hommes pour les avoir nommés , ou d'imprudence s'il les conserve. Autrefois le peuple se consolait de ses maux, en pensant que *le roi les ignorait;* mais aujourd'hui que le peuple lui-même, grâce à la tribune et aux journaux , assiste, ou peu s'en faut, au conseil du roi , il n'a pas cette ressource, et il croit le souverain instruit de ses souffrances comme lui-même. C'est donc dans l'intérêt de la royauté elle-même le premier et le plus grand intérêt de l'Etat, qu'il convient de mettre de la mesure dans les reproches qu'on croit devoir adresser à ces premiers agents de l'autorité royale, honorés de la confiance du Roi. A vrai dire, je crois, dans notre forme de gouvernement, les ministres les plus malheureux des hommes, et à ceux qui croient que les honneurs et les profits du ministère les dédommagent des contradictions auxquelles ils sont en butte, ils pourroient répondre comme cet acteur : « Comptez-vous pour rien le droit que » vous avez de me le dire ? » Bossuet a dit aux rois de *gouverner hardiment ;* mais des ministres continuellement harcélés, et, sur toutes les opérations, exaspérés, s'ils sont forts, gouverneront témérairement ; intimidés, s'ils sont faibles, gouverneront mollement, et feront leur devoir comme les écoliers médiocres, sans faute, mais sans génie et sans courage.

On parle d'oppression politique ; mais en dépouillant cette expression de toutes les abstractions de la nouvelle école, et la réduisant au réel, au positif, on ne trouve d'oppression publique, politique, générale que l'excès des impôts, et l'excès dans la levée des gens de guerre, parce que cette oppression attaque la famille dans ce qu'elle a de plus cher, et ce qui constitue son existence, l'homme et la propriété. Les autres oppressions dont on fait tant de bruit sont, le plus souvent, des oppressions de Cour qui n'atteignent que les courtisans et les ambitieux.

On reproche souvent aux ministres de n'avoir pas donné à la France des institutions qui doivent compléter la charte et faire surgir au port, à pleines voiles, le vaisseau de l'Etat. Je comprends ce reproche de la part des libéraux, qui voudroient populariser nos institutions, en attribuant au peuple, en tout ou en partie, les nominations que la constitution réserve au Roi, et introduire ainsi, jusque dans les plus petites communes, le système turbulent des élections populaires, vrai dissolvant de tous les liens de parenté, d'amitié, de bon voisinage. Mais ce ne sont point là les intentions des royalistes, et dès lors je n'entends plus ce qu'on demande par des institutions nouvelles, supplément et complément des anciennes. Les chambres sont une institution, les tribunaux sont une institution, les administrations départementales et municipales sont une institution ; la force publique, l'éducation publique, le jury, sont des institutions. N'y en a-t-il pas assez ? Le corps législatif fait des lois, les tribunaux les appliquent, la force publique en appuie l'exécution ; que faut-il de plus ? Sont-ce les hommes qu'il faut changer ? sont-ce les choses ? Les hommes sont à la nomination et à la révocation du Roi ; mais

qu'on essaie de changer les choses, et l'on verra
quels débats s'élèveront dans les chambres.

Est-ce la responsabilité des ministres qu'on
voudroit définir? elle ne le sera jamais plus en
France qu'elle ne l'est en Angleterre; et une responsabilité définie seroit une responsabilité illusoire. Est-ce la centralité qu'on attaque? je res-
pecte l'opinion de ceux qui la combattent, et
dans les rangs desquels je compte beaucoup
d'amis : mais j'ose leur dire qu'ils ne diminue-
raient en rien les soins du gouvernement, et
ajouteraient bien peu aux garanties des citoyens.
Quand il y a de la démocratie dans la constitution , il faut qu'il y ait de la monarchie et toute la
monarchie dans l'administration; et la centralité
n'est pas autre chose. A mesure que l'esprit religieux s'affaiblit et que la cupidité et l'amour des
jouissances gagnent les cœurs, la probité est ex-
posée à plus de tentations. C'est là la cause qui ,
dans toutes les comptabilités, a multiplié les
écritures et les contrôles. C'est la même raison
encore qui rendrait plus périlleuse la dissémina-
tion des affaires dans toutes les petites administrations; et le gouvernement ou les administrations supérieures emploieraient à surveiller, à
reprendre , à corriger, le temps et les hommes
qu'ils emploient aujourd'hui à faire eux-mêmes.

Sans doute il nous manque des institutions,

dès institutions domestiques et religieuses, les
plus politiques de toutes celles qui constituent la
famille et étendent les bienfaits de la religion. Si
ce sont celles-là dont on entend parler, quel est
le vrai Français qui n'en reconnaît pas la nécessité et ne forme pas le vœu de les voir proposées
et établies? Je suis donc plus disposé à voir aujourd'hui dans les gouvernements, de la faiblesse
que de l'oppression ; mais cette oppression, si on
pouvoit la supposer, seroit le fait des pouvoirs
constitués, et la presse la plus libre ne pourrait
l'empêcher.

La presse, si libre en Angleterre, empêche-t-elle
l'oppression des catholiques d'Irlande, l'oppression de l'Inde, l'oppression même, on peut le
dire, de tous les gouvernements monarchiques
par l'appui ouvertement prêté à toutes les ré-
voltes populaires? Empêche-t-elle cette autre oppression que les faillites, si nombreuses dans ce
moment, font peser sur de malheureux créan-
ciers, et n'a-t-elle pas plutôt poussé à leur ruine,
en exaltant outre mesure l'avantage de placer des
capitaux sur tous ces Etats en insurrection.

La presse empêche-t-elle ce que les Anglais
eux-mêmes qui ont visité leurs grands ateliers ra-
content de la dégradation morale et physique de
cette jeunesse des deux sexes, mêlés et confondus
dès leur plus bas âge dans ces fabriques, sans ins-

truction, sans morale, machines à filer et à tisser, qui vivent dans les cabarets et meurent dans les hôpitaux, et à qui des maîtres, pressés, comme on l'est aujourd'hui, de faire fortune, commandent le plus de travail et donnent le moins de salaire qu'ils peuvent? Le landamman d'un des petits cantons de la Suisse déplorait le changement que les fabriques récemment introduites avaient fait dans la belle population agricole du canton, remplacée par la race chétive et rabougrie des ouvriers sédentaires. J'admire, comme un autre, les prodiges de l'industrie; mais on s'apercevra trop tard que son développement forcé fait naître plus d'hommes qu'elle ne peut en nourrir, que l'autorité n'en peut contenir, que la religion ne peut en instruire. Il n'y a nulle part plus de mendiants que dans les villes manufacturières. En Angleterre, une grande partie de la population industrielle est à la charge des bureaux de charité de la paroisse et de la taxe des pauvres, et quoique leurs mendiants soient peut-ê re mieux vêtus et mieux nourris que les nôtres, ce sont toujours des mendiants. On fait aujourd'hui consister la prospérité d'une nation à travailler, et à produire pour toutes les autres; ce système trop généralisé est faux, je le crois, en politique; mais aussi pendant que les cupidités du commerce poussent de toutes leurs forces à porter au dehors les produits de l'industrie, la politique des États, marchant en sens contraire, tend à restreindre l'industrie étrangère, et multiplie sur toutes les frontières les droits et les prohibitions.

Mais du moins, tandis que le gouvernement anglais laisse sa démocratie s'enrichir par les plus vastes entreprises commerciales et industrielles, il fortifie son aristocratie, et la monarchie par conséquent, en maintenant dans les mêmes familles les grandes propriétés territoriales qu'un de ses plus grands ministres a même accrues dans ces derniers temps par un partage de communaux. Ce n'est pas là ce que nous imitons ; car si en Angleterre il y a plus de démocratie dans les sentiments que dans les institutions, en France il y en a plus dans les institutions que dans les sentiments. Nous avons de grandes fabriques et de petites cultures. Le commerce et l'industrie associent, agglomèrent leurs capitaux ; la loi des partages entre les enfants ou le goût du luxe et des jouissances divisent et morcellent nos propriétés territoriales. Bientôt on ne labourera qu'à force de bras et avec la bêche ; et dèjà l'on file avec des machines à vapeur de la force de cinquante chevaux. Il se fait ainsi d'immenses fortunes mobilières, au profit de la démocratie, et la propriété du sol s'en va en poussière au détriment de la monarchie.

C'est, dit-on, la marche du siècle et le mouvement des esprits. J'admire, au temps de Christophe Colomb, la marche du siècle vers la découverte de nouveaux cieux, de nouvelles terres, de nouveaux hommes, et le mouvement des esprits vers ces entreprises hasardeuses qui demandaient tant d'audace et un courage à l'épreuve des plus grandes fatigues et des plus extrêmes dangers, et notre temps en offre des exemples. Mais la marche du siècle vers des fabriques de toile ou de percale! le mouvement des esprits vers des draps et des cotons! en vérité, ce sont de bien grands maux pour de bien petites choses; et un peuple pourrait être le premier de tous dans l'art de fabriquer, d'apprêter, de produire, et le dernier dans tout ce qui tend à élever l'âme, à étendre l'intelligence et honorer l'humanité.

La presse a beau être libre, je le répète, elle n'empêche rien, et ne saurait prévenir les maux sans nombre qui travaillent aujourd'hui les États; elle déconsidère trop souvent au contraire les gouvernements sans avantage pour les peuples, et aigrit les peuples qu'elle rend impossibles à gouverner.

Enfin si la destination première, la fonction spéciale de la presse libre est d'éveiller les gouvernements et les peuples, et de les avertir des dangers qui peuvent les menacer, et si tout le

monde a le droit d'user de la liberté d'écrire , on
peut comparer la presse à la cloche du tocsin dont
la corde pendrait dans la rue : des enfants la ti-
reraient par espiéglerie , des étourdis par légèreté,
des hommes craintifs par peur, des malveillants
pour mettre toute une ville en émoi, des voleurs
pour profiter du désordre. Un magistrat prudent
place une sentinelle au haut du clocher, et met
sous clef la corde de la cloche pour la sonner
quand le feu se déclare. Il est vrai que la sentinelle peut s'endormir ; mais pour une fois que cet
accident arrive, combien de fausses alarmes et
de terreurs sans objet données à toute une ville?

On parle de l'oppression politique dont la presse
doit nous garantir, et l'on se tait sur l'oppression
qu'elle exerce elle-même, oppression de l'erreur
et de l'impiété, oppression morale et par conséquent politique, la plus honteuse, la plus humi-
liante, la plus funeste de toutes ; oppression des
écrits impies et séditieux qui séparent les enfants
des pères, les sujets de leur souverain, les hommes de Dieu même ; qui donnent à des parents
religieux et fidèles des enfants en qui l'incrédulité et l'esprit de sédition ont devancé la raison ;
qui réduisent des mères (et j'en connois !) à pleu-
rer leur fécondité, et les pères à maudire le jour
qui vit naître leurs enfants. Des écrivains crient
à l'oppression politique au milieu de toutes les

joies du siècle et de toutes les douceurs de la
vie, et s'en font un prétexte pour arracher du
cœur des peuples tout sentiment de religion,
en jetant de l'odieux et du ridicule sur ses ministres (1) ; ils n'élèvent même pas autel contre
autel, mais ils préconisent avec affectation une
religion sans autel et sans sacrifice, culte de pa-
roles que n'écoutent plus même ses sectateurs,
réduit à n'être qu'un parti politique depuis qu'il
a perdu le droit de se dire une secte religieuse (2).

---

(1) Avant que l'école de Voltaire eût fait des contro-
verses avec des sarcasmes, des bouffonneries et des injures,
les plus célèbres écrivains des deux religions usaient avec
une entière liberté du droit d'attaquer ou de défendre leurs
doctrines ; mais on peut voir dans leurs écrits avec quelle
gravité ils traitaient de la religion, et dans ceux surtout de
Bossuet et de Port-royal, avec quelle modération, quelle
politesse, quel respect pour leurs adversaires.

(2) « Les réformés de nos jours, du moins les ministres,
» dit Rousseau, dans ses lettres *de la Montagne*, ne con-
» naissent ou n'aiment plus leur religion.... Avec leur rage
» de chicane et d'*intolerance*, ils ne savent plus ni ce qu'ils
» croient, ni ce qu'ils veulent, ni ce qu'ils disent... On leur
» demande si Jésus-Christ est Dieu, *ils n'osent repondre ;*
» on leur demande quels mystères ils admettent, *ils n'osent*
» *repondre...* » Et quelques lignes plus loin, Rousseau s'é-
crie encore : « Ce sont en vérité de singulières gens que
» messieurs vos ministres ! on ne sait ce qu'ils croient, ni ce
» qu'ils ne croient pas ; on ne sait pas même ce qu'ils font
» semblant de croire ; leur seule manière d'établir leur foi

L'ancienne réforme naquit, il y a trois siècles,
d'une exagération de ferveur religieuse , et con-
serva la croyance de plusieurs des principales vérités du christianisme. Si dans quelques lieux
elle établit la démocratie ou s'unit à des gouvernements républicains déjà établis, elle changea
les hommes plutôt que les choses ; et là où elle
trouva des souverains qui la reçurent , loin de
chercher à les détruire, elle leur livra les biens
de l'église et accrut leur autorité au point d'en
faire les chefs et les arbitres de la nouvelle religion. '

Le protestantisme *improvisé* aujourd'hui , né au
sein de l'anarchie politique et de l'indifféren-
tisme religieux , vide de tout germe créateur, ne
saurait rien édifier et ne pourrait que détruire.
En vain les chefs , dans leurs théories philantro-
piques, rêvent des révolutions pacifiques, et prennent pour point de mire celle de 1688 en Angleterre ; pressés de jouir, irrités par de plus grandes

---

» est d'attaquer celle des autres... » (*Lettres de la Montagne,* tome III , page 93 et 94. chez Belin , 1817). Depuis que Jean-Jacques écrivait ces mots, la réforme a fait
bien du chemin encore à Genève ; et si l'on y demandait ,
comme Rousseau, à *messieurs les ministres,* si Jésus-Christ
est Dieu, peut-être cette fois *ils oseraient repondre...* (Note
de l'Editeur).

résistances, entraînant à leur suite une jeunesse
plus ardente et entraînés eux-mêmes, ils ne lais-
seraient rien de bout ni dans l'Etat ni dans l'é-
glise; et leur système philosophique de révolution, perfectionné par une expérience dont ils
ont profité mieux que nous, ferait autant de mal
que nous en avons vu et souffert, et le ferait
beaucoup *mieux*.

On se plaint des opinions ultramontaines qui
se glissent parmi nous; ne serait-ce pas un con-
trepoids inévitable aux doctrines calvinistes,
déistes, athées, qui font irruption dans la société?
Quand le vaisseau *sombre* d'un côté, l'équipage
involontairement se jette de l'autre pour rétablir
l'équilibre et se replace au milieu quand le danger
est passé. On fait un épouvantail de je ne sais
quelles congrégations religieuses qu'on aperçoit
dans les nuages, et l'on dort à côté de congrégations irréligieuses, qui ne prennent pas même
le soin de se cacher, et se révèlent par leurs écrits,
et quand elles peuvent, par leurs actions.

On redoute tout ce qui vient d'au-delà des
monts; je crains bien plus ce qui nous vient d'au-
delà des mers, et la théologie *ultramontaine*,
comme je l'ai dit ailleurs, ne nous fera jamais le
mal que nous a fait la politique *ultramarine*.

C'est dans les vues profondes d'une politique
qui n'est pas la nôtre, d'une politique d'inspira-

⸱tion étrangère , qu'on déclame avec fureur contre le catholicisme , moyen de justifier l'intolérance d'une nation rivale et d'aliéner de nous nos alliés et nos amis des deux frontières du nord et du midi.

C'est dans cette vue qu'on y envoie, sous des déguisements sacriléges, des milliers de livres impies, séditieux, obscènes, qui déshonorent notre nation aux yeux des hommes éclairés et vertueux ; et tel est le désordre de nos idées, que l'on s'étonne qu'un ministre français, jaloux de l'honneur de son pays comme de la tranquillité de celui où il est envoyé, remplisse le devoir sacré d'avertir un gouvernement ami de se prémunir contre ce débordement de corruption. Ne mettrat-on jamais un peu de morale et de religion dans la politique à la place de tant de commerce et d'industrie ? Et quel est le père de famille qui s'offenserait que son voisin et son ami l'avertît qu'on cherche à corrompre ses enfants, ou à mettre le feu à sa maison !

Je l'ai dit ailleurs : un ouvrage impie ou séditieux écrit en français, dans cette belle langue qu'on entend et qu'on traduit partout, *est une déclaration de guerre à toute l'Europe.* Les gouvernements, si jaloux de l'honneur de leurs pavillons, ne prendront-ils jamais à cœur l'honneur de leurs doctrines ? Ils protègent, aux extrémités du globle, leur commerce contre les forbans, ne protègeront-ils jamais la raison de leurs peuples contre les forbans de la littérature, véritables tyrans des peuples, esclaves eux-mêmes de leur orgueil et de leur cupidité, qui spéculent sur l'erreur et la licence comme sur une branche de commerce, et vendent à leurs malheureux tributaires des doctrines dont ils connoissent eux-mêmes la fausseté et le danger (1) ?

Quels remèdes cependant propose-t-on pour de si grands maux? Le contre-poison, dit-on, est à côté du poison; et *si l'on répand de mauvais livres, on en imprime de bons.* Les tribunaux sont

---

(1) « Il y a *peste européenne, et cette peste sort de nos* » *doctrines antisociales!* s'écriait M. de Chateaubriand, » dans le *Conservateur*, peu de jours après l'assassinat de » M. le duc de Berry. » Et il ajoutait, en s'adressant aux écrivains de la faction démocratique : « Quand on vous entend parler vertu et principe, sur le trone sanglant de » Louis XVI, ou sur le cadavre du duc de Berry, on re- » cule d'horreur, et *Constantinople ne semble pas avoir assez* » *de despotisme pour se mettre à l'abri de votre liberté.* Oui, » ce sont vos exécrables doctrines qui ont assassiné cet en- » fant de l'exil, ce Français héroïque, ce jeune et infor- » tuné Berry ! » (*Conservateur*, 3 mars 1820). Et c'est des dangers de cette PESTE EUROPÉENNE et de *nos doctrines anti- sociales* que la Sainte-Alliance a voulu défendre l'Europe, et le *Conservateur* ne l'en blâmait pas, à ce que je crois.... (*Note de l'Éditeur*).

chargés de la répression des délits de la presse comme de celle de tous les autres délits. Mais faut il de mauvais livres parce qu'il y en a de bons ? Faut-il laisser distribuer des poisons dans l'espoir incertain qu'ils seront neutralisés par des contre-poisons ? Ne sait-on pas que ceux qui font leurs délices de la lecture des mauvais livres ne lisent pas les bons, pas plus que ceux qui lisent les bons ne lisent les autres ? Les chances de succès sont-elles égales pour les écrits qui s'adressent aux passions, et pour ceux qui ne parlent qu'à la raison ? et que gagne-t-on à cette promiscuité du bien et du mal que de former deux peuples dans le même État, deux peuples qui n'ont bientôt plus rien de commun que l'air qu'ils respirent et la terre qu'ils foulent aux pieds, deux peuples qui ont chacun leurs sentiments, leurs doctrines, leur esprit, leurs vues, leurs projets, leurs espérances ? Qu'y gagne-t-on, qu'une guerre intestine qui divise les familles, les époux, les voisins, qui *divise le royaume en lui-même ?* et tout royaume divisé en lui-même, nous dit le grand maître en morale, sera désolé.

Qu'attendre des tribunaux à qui le temps manquerait pour juger tout ce que la presse enfante avec une si déplorable fécondité ? Qu'attendre même des condamnations qui ne font qu'enorgueillir l'écrivain et piquer la curiosité des lec-

teurs? Qu'attendre même des saisies qui ne dé-
truisent jamais l'ouvrage entier? On peut assurer
que tout écrit une fois imprimé est un écrit publié;
et plus il est dangereux, ou par les talents de l'é-
crivain ou par la doctrine qu'il contient, mieux
et plus promptement il circule.

Mais ne veut-on plus absolument de censure
préalable? Trouve-t-on plus politique et surtout
plus moral de punir le délit que de le prévenir!
parce qu'on sait qu'on peut toujours prévenir ce
qu'on ne peut presque jamais punir au moins
d'une manière efficace? A la bonne heure si tel
est l'esprit du siècle, si tels sont les progrès qu'il
a faits dans la science de la législation et de la morale! Mais alors il faut changer un mode de répression devenu illusoire, et le faire porter sur
l'imprimeur seul en lui laissant son recours contre
l'auteur. Les imprimeurs ne sont pas des instruments aveugles, des machines qui assemblent des
caractères sans savoir ce qu'ils signifient; ce sont
tous des hommes instruits ou qui peuvent s'instruire, qui connoissent à merveille quels sont les
ouvrages dont ils peuvent espérer le débit, et qui
refusent impitoyablement les autres : ce sont la
plupart des hommes de lettres eux-mêmes, souvent et trop souvent éditeurs d'écrits qu'ils feroient
mieux de ne pas reproduire.

Un écrivain souvent n'a rien à perdre, pas

même de réputation ; un imprimeur a toujours un état à conserver. L'écrivain peut mettre de la vanité à braver la peine pour se faire un nom, l'imprimeur ne voit que son intérêt, et il se gardera bien de le compromettre si la peine pécuniaire qu'il peut encourir est plus forte que le profit qu'il pourroit espérer. L'imprimeur alors censurera lui-même ou fera examiner par d'autres l'écrit qu'on lui propose, et il ne s'exposera pas à une ruine certaine dans l'espoir incertain d'être indemnisé par un auteur qui a lui-même spéculé sur le succès de son ouvrage , ce qui d'ailleurs, même en relevant l'imprimeur des condamnations pécuniaires, ne pourroit lui rendre l'état qu'il auroit perdu.

Si un fourbisseur forgeoit un poignard sur lequel fussent gravés ces mots : *poignard pour assassiner une telle personne*, et que cette personne fût assassinée , le fourbisseur seroit certainement poursuivi comme complice du crime. Eh bien ! sur tous les mauvais livres il est écrit *poison pour le public*, et l'imprimeur qui le prépare et le répand ne peut être innocent.

Mais il faut que les peines soient fortes, si l'on veut qu'elles soient efficaces (1), et encore a-t-on

______

(1) L'illustre auteur de la *Monarchia selon la charte* a posé lui-même, comme un principe, dans cet écrit, *que la li-*

à craindre les souscriptions ou les conscriptions pour venir au secours de l'imprimeur condamné à l'amende. En Angleterre l'auteur et l'imprimeur sont condamnés à des amendes que souvent ils ne peuvent payer, et ils restent en prison tant qu'elles ne sont pas acquittées. Plus une société avance en âge, plus il faut de sévérité dans les lois criminelles; et n'en est-il pas de même pour l'homme, et les fautes de son enfance ou de sa jeunesse sont-elles jugées par le public, ou punies par les lois avec la même *rigueur* que celles de l'âge mûr ou de la vieillesse?

En effet, à mesure qu'une société puissante avance dans la carrière de la civilisation, elle croît en richesses, en monuments des arts, en jouissances, en connoissances, et même en esprit. Il y a infiniment plus d'inégalité entre les jouissances et les moyens de fortune qui les procurent; il y a

---

berté de la presse ne peut exister sans avoir derrière elle une loi forte, immanis lex, *qui previenne la prévarication par la ruine, la calomnie par l'infamie, les écrits séditieux par la prison, l'exil et quelquefois* LA MORT.... Depuis que M. de Chateaubriand s'exprimait ainsi, une épreuve de dix années en France et en Europe a-t-elle paru plus favorable à la liberté illimitée de la presse? S'il y a encore de la bonne foi au monde, c'est à elle que s'adresse cette question. (*Note de l'Editeur*).

donc plus de désirs qui ne peuvent se satisfaire ,
plus de cupidité, plus de passions, plus de crimes,
et la preuve en est sous nos yeux.

S'il y a plus de raison dans quelques esprits
privilégiés , il y a plus de sagacité dans tous ; on
met plus d'art et de combinaison dans les forfaits,
et les sciences elles-mêmes , comme la chimie ,
fournissent de nouveaux instruments à la scéléra-
tesse. Il faut donc opposer des digues plus fortes
à des torrents plus impétueux ; et c'est prendre à
rebours l'homme et la société que d'affaiblir les
lois à mesure que les mœurs se corrompent (1).

---

(1) Si l'on veut mesurer les progrès de la morale publique en France depuis douze ans, que l'on fasse attention à
ce qui suit : en 1814 les admirateurs de Bonaparte niaient,
pour sa gloire, le massacre de prisonniers sans défense, et
l'empoisonnement de ses propres soldats à Jaffa. Aujour-
d'hui les partisans de cet homme extraordinaire, dans un
écrit publié récemment, conviennent de ces deux actions,
et en parlant de l'empoisonnement des soldats français ,
qui *hâtait pour eux le bienfait de la mort* , ils disent « que
» *ce dessein, qui n'eut peut-être pas répugné à l'antiquité* ,
» REVOLTAIT LES IDÉES MODERNES (apparemment les idées chré-
» tiennes) , et que le général essuya un refus de la part du
» médecin en chef Desgenettes. Mais d'autres employés se
» montrèrent moins indociles; une préparation d'opium fut
» mise en usage , et une partie des pestiférés passèrent au
» néant avec le sentiment du sommeil....! Si ces ombres

On est épouvanté de cette effroyable conjuration contre l'espèce humaine, et de ce prosélytisme satanique qui distribue des livres impies jusque dans les chaumières, et des écrits obscènes même aux enfants, pour dessécher dans sa fleur leur innocence, leur intelligence et leur santé(1).

» héroiques, s'écrient les historiens aux IDÉES MODERNES, » pouvaient sortir de la tombe, et élever la voix, elles *n'in-* » *crimineraient* pas sans doute celui qui n'eut d'autre intention » que de les sauver des mains de Djazzir-pacha....! » Grand Dieu, où en sommes-nous...! Saint Louis était donc un barbare puisqu'il n'empoisonnait pas lui-même ses soldats pour les sauver du fer ennemi...! O comme la liberté illimitée de la presse est favorable aux progrès de la morale publique ! (*Note de l'Editeur*).

(1) Jamais cette effroyable conjuration contre la morale publique, la religion et les mœurs n'a été dévoilée avec plus de talent et de force que dans un discours éloquent prononcé à St.-Sulpice par M. Deplace, le dimanche 26 février de cette année. Nous pourrions ajouter, d'après le témoignage d'un grave magistrat, que les livres les plus infâmes sont actuellement colportés et distribués *gratis* dans les campagnes, et qu'un de ces livres ayant été trouvé dernièrement dans la Brie entre les mains d'une jeune fille de 10 ans qui gardait son troupeau, interrogée de qui elle le tenait, elle répondit que c'était un *Monsieur* qui le lui avait remis, et qui portait un paquet sous son bras..... Où s'arrêtera donc cet horrible complot contre la religion et la société ! et faudra-t-il, si cela continue, que les sauvages de la Louisianne et du Canada demandent un jour ce qu'est devenu le christianisme en Europe ! (*Note de l'Ed.*).

S'il n'étoit pas permis aux législateurs d'arrêter, par les peines les plus sévères, cette infernale machination; si, à la répression de si grands désordres, et d'une méchanceté qu'on peut appeler surhumaine, on opposoit des lois sur la liberté de la presse, alors comme La Hire qui répondoit à Charles VII, réduit aux dernières extrémités, et lui montrant les apprêts d'une fête : « *Qu'on ne pouvait perdre un royaume plus joyeusement* », on pourrait dire aussi « qu'on ne saurait perdre une société plus *légalement.* » Il semble que les évènements désastreux dont nous sommes, depuis trente ans, les témoins et les victimes, les faux systèmes, les théories subversives de tout ordre, avancées dans tant d'écrits ou mises en pratique, ont laissé, même dans les bons esprits, un fonds de doute ou d'incrédulité qui leur persuade qu'il n'y a pas de vérités absolues en religion, en morale, en politique, ou qu'elles ne sont pas encore découvertes ; et comme ils sentent néanmoins que la société ne peut exister hors de la vérité dans ses doctrines, il semble qu'ils espèrent qu'à la faveur de la liberté indéfinie d'écrire, il s'élèvera quelque génie extraordinaire, il paraîtra quelque nouvel évangile dont l'éclat frappera tous les yeux, apaisera toutes les opinions et révèlera à la société les véritables lois de son existence et de sa conservation. Ne dirait-on pas, en effet, qu'on attende quelque révélation nouvelle comme les juifs attendent le Messie? Mais les juifs attendent le Messie après qu'il est venu; et ceux dont je parle, après dix-huit siècles du christianisme qui nous a tout appris, attendent encore que les hommes nous apprennent quelque chose.... ! Mais comment la société aurait-elle pu naître, grandir, et se civiliser, s'il lui eût manqué la connaissance d'une seule vérité nécessaire à son développement! Non : nous n'avons plus rien à apprendre sur les principes de la société... Et tous ces grands esprits qui ont paru ou peuvent paraître encore révélateurs de quelque nouvelle doctrine, ne peuvent être que de *grands esprits faux*, comme les appelle Bossuet, des apôtres d'erreur et de mensonges et qui ne peuvent, par conséquent, que porter le trouble et le désordre dans la société, l'erreur dans les lois, la licence dans les mœurs, et verser enfin sur nous tous les maux dont nous gémissons et dont nous cherchons vainement le remède dans les opinions humaines.

www.ingramcontent.com/pod-product-compliance
Ingram Content Group UK Ltd.
Pitfield, Milton Keynes, MK11 3LW, UK
UKHW021020120726
13693UKWH00005B/2102